DIE WILDE LERNBANDE

DAS KLEINE 1X1

NFV

Multiplizieren ist gar nicht schwer!

Du hast schon gelernt, zu addieren und zu subtrahieren und kannst auch bis 100 rechnen? Dann bist du bereit, das Multiplizieren und das kleine Einmaleins zu lernen. Damit ist es einfacher, Dinge zusammenzuzählen. Die Rechenmethode mit dem komplizierten Namen „Multiplizieren" soll dir nämlich das Rechnen erleichtern. Das Multiplizieren oder auch Malnehmen ist sozusagen eine Abkürzung für mehrere Additionen einer gleichen Menge. Anstatt mehrmals die gleiche Zahl zu addieren, kannst du sie multiplizieren.

Seitdem ich die Kernaufgaben gelernt habe, fällt mir das Multiplizieren viel leichter.

Wie das geht, erklären wir dir genau auf den nächsten Seiten. Mit den Aufgaben in diesem Heft macht das Multiplizieren sogar Spaß! Auf den letzten Seiten kannst du nachsehen, ob du alle Aufgaben richtig gelöst hast.

So geht's

Stell dir vor, du triffst dich mit zwei Freunden. Jeder von euch hat 4 Gummibärchen. Wenn du wissen willst, wie viele ihr drei zusammen habt, dann rechnest du: $4 + 4 + 4 = 12$
Du kannst aber auch rechnen: $3 \cdot 4 = 12$
Der Punkt in der Mitte bedeutet: mal

Du siehst, dass die Rechnung kürzer ist als die Addition. Vor allem bei größeren Zahlen ist es wichtig, zu multiplizieren. Denn stell dir vor, ihr seid 9 Freunde und jeder von euch hat 4 Gummibärchen.

Das gäbe eine ganz schön lange Rechnung:
$4 + 4 + 4 + 4 + 4 + 4 + 4 + 4 + 4$
Dann ist es viel besser, zu rechnen: $9 \cdot 4$

Beispiel Addition:

🐻🐻🐻🐻 + 🐻🐻🐻🐻 + 🐻🐻🐻🐻 + 🐻🐻🐻🐻 + 🐻🐻🐻🐻

+ 🐻🐻🐻🐻 + 🐻🐻🐻🐻 + 🐻🐻🐻🐻 + 🐻🐻🐻🐻 = 36

Beispiel Multiplikation:

$9 \cdot$ 🐻🐻🐻🐻 $= 3\ 6$

Plusaufgaben in Malaufgaben umwandeln

 Übung 1: Schreibe die Plusaufgabe zu den Bildern und wandle sie in eine Malaufgabe um.

_____

_____

_____

_____

_____

_____

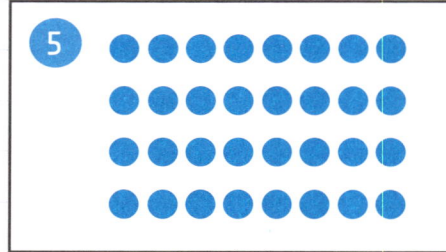

_____

_____

_____

_____

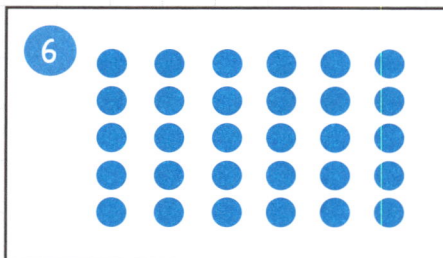

_____

_____

Malaufgaben in Plusaufgaben umwandeln

 Übung 2: Schreibe die jeweilige Malaufgabe auf und wandle sie in eine Plusaufgabe um.

1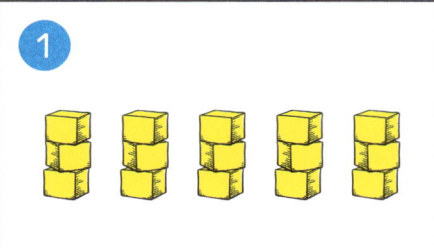

_____

_____

4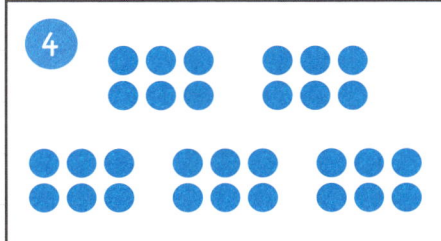

_____

_____

2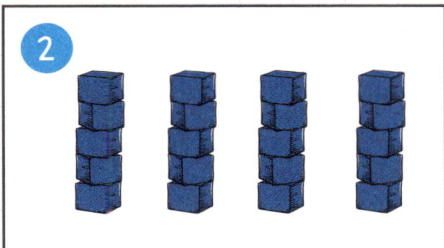

_____

_____

5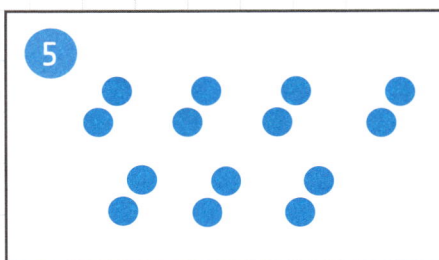

_____

_____

3

_____

_____

6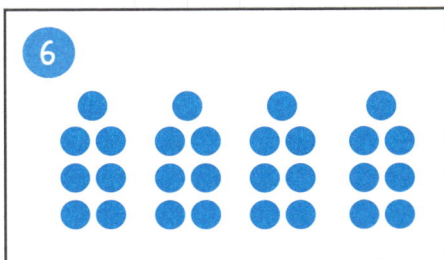

_____

_____

Verdoppeln und verdreifachen

Übung 3: Zähle die Gegenstände, verdopple sie und schreibe die passende Rechnung und die Lösung auf.

1 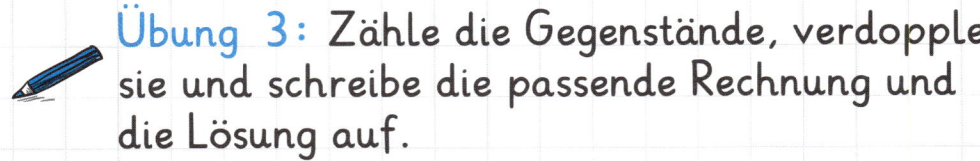 = _____

2  = _____

3  = _____

Übung 4: Zähle die Gegenstände, verdreifache sie und schreibe die passende Rechnung und die Lösung auf.

1 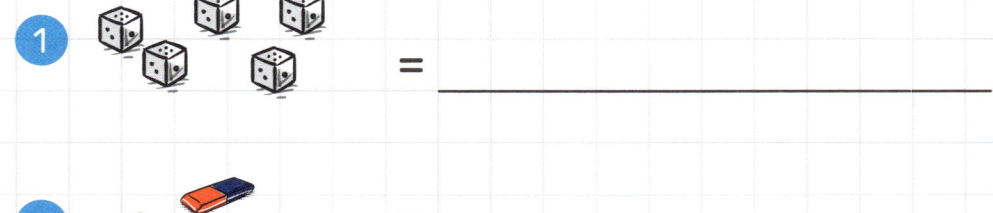 = _____

2 = _____

Einmaleins-Tabelle

Die Einmaleins-Tabelle enthält die 1er-, 2er-, 3er-, 4er-, 5er-, 6er-, 7er-, 8er-, 9er- und 10er-Reihe. Du kannst sie von oben nach unten oder von links nach rechts lesen.

Ein Beispiel:

Wenn du wissen möchtest, wie viel $5 \cdot 6$ ist, dann suchst du in der obersten Zeile die 5 und fährst mit dem Finger die Reihe nach unten bis zur Zeile 6 — an der Schnittstelle steht das Ergebnis: 30. Du kannst aber ebensogut von links beginnen und nach rechts bis zur Reihe 5 fahren — auch hier steht das Ergebnis 30.

	1	2	3	4	5	6	7	8	9	10
1	1	2	3	4	5	6	7	8	9	10
2	2	4	6	8	10	12	14	16	18	20
3	3	6	9	12	15	18	21	24	27	30
4	4	8	12	16	20	24	28	32	36	40
5	5	10	15	20	25	30	35	40	45	50
6	6	12	18	24	30	36	42	48	54	60
7	7	14	21	28	35	42	49	56	63	70
8	8	16	24	32	40	48	56	64	72	80
9	9	18	27	36	45	54	63	72	81	90
10	10	20	30	40	50	60	70	80	90	100

Tauschaufgaben

Bei einer Malaufgabe ist es ==egal==, in welcher ==Reihen-folge== die Zahlen addiert oder multipliziert werden. Das ==Ergebnis== ist immer das ==gleiche.==

Ein Beispiel:

Du hast eine Packung mit 6 Eiern gekauft. Darin sind 3 Eier in 2 Reihen, also $3 \cdot 2 = 6$. Wenn du nun die Zahlen tauschst, heißt die Rechnung: $2 \cdot 3$. Das Ergebnis ist ebenfalls 6.

Übung 5: Schreibe die Aufgabe und die Tauschaufgabe auf.

1

_____

_____

3

_____

_____

2

_____

_____

4

_____

_____

Reihen markieren

 Übung 6: Male die 3er-, 6er-, 7er- und die 9er-Reihe jeweils in einer anderen Farbe an.

	1	2	3	4	5	6	7	8	9	10
1	1	2	3	4	5	6	7	8	9	10
2	2	4	6	8	10	12	14	16	18	20
3	3	6	9	12	15	18	21	24	27	30
4	4	8	12	16	20	24	28	32	36	40
5	5	10	15	20	25	30	35	40	45	50
6	6	12	18	24	30	36	42	48	54	60
7	7	14	21	28	35	42	49	56	63	70
8	8	16	24	32	40	48	56	64	72	80
9	9	18	27	36	45	54	63	72	81	90
10	10	20	30	40	50	60	70	80	90	100

Kernaufgaben

Wenn du das kleine 1×1 lernen willst, hilft es dir sehr, wenn du zuerst die Kernaufgaben übst. Das sind die besonders einfachen Reihen: die 1er-Reihe, die 2er-Reihe, die 5er-Reihe und die 10er-Reihe. Sieh sie dir in der Einmaleins-Tabelle genau an!

Fällt dir etwas auf?

- Zahlen, die mit 1 multipliziert werden, bleiben gleich. Also: $5 \cdot 1 = 5$
- Bei Zahlen, die mit 2 multipliziert werden, ist die letzte Zahl immer 0, 2, 4, 6 oder 8.
- Bei Zahlen, die mit 5 multipliziert werden, ist die letzte Zahl immer 5 oder 0.
- Bei Zahlen, die mit 10 multipliziert werden, ist die letzte Zahl immer 0.

Übung 7: Rechne folgende Kernaufgaben aus:

1 $1 \cdot 1 = \underline{\hphantom{0000}}$

2 $2 \cdot 1 = \underline{\hphantom{0000}}$

3 $5 \cdot 1 = \underline{\hphantom{0000}}$

4 $10 \cdot 1 = \underline{\hphantom{0000}}$

5 $1 \cdot 2 = \underline{\hphantom{0000}}$

6 $2 \cdot 2 = \underline{\hphantom{0000}}$

7 $5 \cdot 2 = \underline{\hphantom{0000}}$

8 $10 \cdot 2 = \underline{\hphantom{0000}}$

(9)	$1 \cdot 3 =$ _____		(13)	$1 \cdot 4 =$ _____
(10)	$2 \cdot 3 =$ _____		(14)	$2 \cdot 4 =$ _____
(11)	$5 \cdot 3 =$ _____		(15)	$5 \cdot 4 =$ _____
(12)	$10 \cdot 3 =$ _____		(16)	$10 \cdot 4 =$ _____

(17)	$1 \cdot 5 =$ _____		(21)	$1 \cdot 6 =$ _____
(18)	$2 \cdot 5 =$ _____		(22)	$2 \cdot 6 =$ _____
(19)	$5 \cdot 5 =$ _____		(23)	$5 \cdot 6 =$ _____
(20)	$10 \cdot 5 =$ _____		(24)	$10 \cdot 6 =$ _____

(25)	$1 \cdot 7 =$ _____		(29)	$1 \cdot 8 =$ _____
(26)	$2 \cdot 7 =$ _____		(30)	$2 \cdot 8 =$ _____
(27)	$5 \cdot 7 =$ _____		(31)	$5 \cdot 8 =$ _____
(28)	$10 \cdot 7 =$ _____		(32)	$10 \cdot 8 =$ _____

33 $1 \cdot 9 = \underline{\hphantom{000}}$	**37** $1 \cdot 10 = \underline{\hphantom{000}}$
34 $2 \cdot 9 = \underline{\hphantom{000}}$	**38** $2 \cdot 10 = \underline{\hphantom{000}}$
35 $5 \cdot 9 = \underline{\hphantom{000}}$	**39** $5 \cdot 10 = \underline{\hphantom{000}}$
36 $10 \cdot 9 = \underline{\hphantom{000}}$	**40** $10 \cdot 10 = \underline{\hphantom{000}}$

Quadrataufgaben

Du kennst jetzt die Kernaufgaben und bist bereit,
für einen weiteren Trick: die Quadrataufgaben.
Quadratzahlen sind Zahlen, die mit sich selbst
multipliziert werden.

Also: $1 \cdot 1$, $2 \cdot 2$, $3 \cdot 3$, $4 \cdot 4$, $5 \cdot 5$,
$6 \cdot 6$, $7 \cdot 7$, $8 \cdot 8$, $9 \cdot 9$, $10 \cdot 10$

Am besten lernst du diese Aufgaben auswendig,
indem du in der Einmaleins-Tabelle nachschaust.

 Übung 8: Rechne folgende Quadrataufgaben
aus:

1 $6 \cdot 6 = \underline{\hphantom{000}}$ **3** $3 \cdot 3 = \underline{\hphantom{000}}$

2 $8 \cdot 8 = \underline{\hphantom{000}}$ **4** $5 \cdot 5 = \underline{\hphantom{000}}$

2er-Reihe

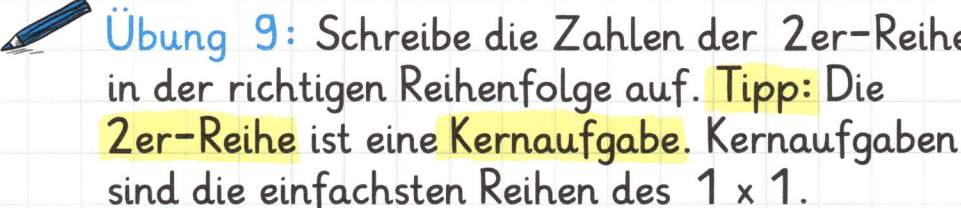

Übung 9: Schreibe die Zahlen der 2er-Reihe in der richtigen Reihenfolge auf. **Tipp:** Die 2er-Reihe ist eine Kernaufgabe. Kernaufgaben sind die einfachsten Reihen des 1 x 1.

___ ___ ___ ___ ___ ___ ___ ___ ___ ___

Übung 10: Markiere die Felder und schreibe die Lösung auf.

1

2 • 3

= _____

2

2 • 7

= _____

3

2 • 5

= _____

3er-Reihe

 Übung 11: Schreibe die Zahlen der
3er-Reihe in der richtigen Reihenfolge auf.

___ ___ ___ ___ ___ ___ ___ ___ ___

 Übung 12: Verbinde die Kästen
mit der richtigen Lösungszahl.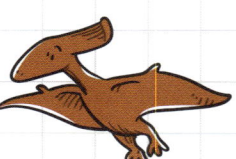

① 3 · 3   = 24

② 5 · 3   = 9

③ 8 · 3   = 12

④ 4 · 3   = 18

⑤ 6 · 3   = 27

⑥ 9 · 3   = 15

4er-Reihe

 Übung 13: Schreibe die Zahlen der 4er-Reihe in der richtigen Reihenfolge auf.

___ ___ ___ ___ ___ ___ ___ ___ ___ ___

 Übung 14: Schreibe die Lösung dahinter und die Tauschaufgabe darunter.

1   7 • 4 = _____   **4**   8 • 4 = _____

_____   _____

2   4 • 4 = _____   **5**   3 • 4 = _____

_____   _____

3   2 • 4 = _____   **6**   5 • 4 = _____

_____   _____

5er-Reihe

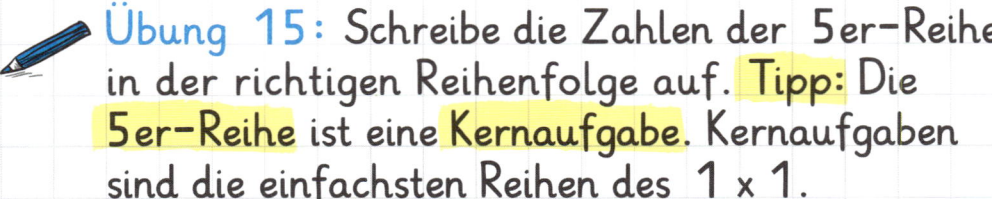

Übung 15: Schreibe die Zahlen der 5er-Reihe in der richtigen Reihenfolge auf. **Tipp:** Die **5er-Reihe** ist eine **Kernaufgabe**. Kernaufgaben sind die einfachsten Reihen des 1 x 1.

___ ___ ___ ___ ___ ___ ___ ___ ___ ___

Übung 16: Schreibe die Lösung dahinter. Achte besonders auf die letzte Zahl: Sie ist immer eine 5 oder eine 0, wenn du mit 5 multiplizierst!

1 $6 \cdot 5 =$ _____   **8** $5 \cdot 5 =$ _____

2 $9 \cdot 5 =$ _____   **9** $10 \cdot 5 =$ _____

3 $3 \cdot 5 =$ _____   **10** $7 \cdot 5 =$ _____

4 $0 \cdot 5 =$ _____

5 $2 \cdot 5 =$ _____

6 $8 \cdot 5 =$ _____

7 $1 \cdot 5 =$ _____

6er-Reihe

 Übung 17: Schreibe die Zahlen der 6er-Reihe in der richtigen Reihenfolge auf.

___ ___ ___ ___ ___ ___ ___ ___ ___ ___

 Übung 18: Schreibe die Lösung dahinter und die Tauschaufgabe darunter.

1 3 • 6 = _____

_____

4 5 • 6 = _____

_____

2 8 • 6 = _____

_____

5 6 • 6 = _____

_____

3 2 • 6 = _____

_____

6 4 • 6 = _____

_____

7er-Reihe

 Übung 19: Schreibe die
Zahlen der 7er-Reihe in der
richtigen Reihenfolge auf.

___ ___ ___ ___ ___ ___ ___ ___ ___ ___

 Übung 20: Verbinde die Kästchen mit der
richtigen Lösungszahl.

1	3 · 7	= 35
2	5 · 7	= 56
3	8 · 7	= 28
4	4 · 7	= 14
5	6 · 7	= 21
6	2 · 7	= 42

8er-Reihe

 Übung 21: Schreibe die Zahlen
der 8er-Reihe in der richtigen
Reihenfolge auf.

___ ___ ___ ___ ___ ___ ___ ___ ___ ___

 Übung 22: Schreibe die passende Mal-
aufgabe zu den jeweiligen Ergebnissen auf.

1 | 16 |

_____

4 | 56 |

_____

2 | 80 |

_____

5 | 48 |

_____

3 | 64 |

_____

6 | 32 |

_____

9er-Reihe

✏️ Übung 23: Schreibe die
Zahlen der 9er-Reihe in der richtigen
Reihenfolge auf.

___ ___ ___ ___ ___ ___ ___ ___ ___

✏️ Übung 24: Schreibe die Lösung dahinter
und die Tauschaufgabe darunter.

1 5 • 9 = _____   **4** 4 • 9 = _____

_____   _____

2 2 • 9 = _____   **5** 9 • 9 = _____

_____   _____

3 7 • 9 = _____   **6** 3 • 9 = _____

_____   _____

10er-Reihe

Übung 25: Schreibe die Zahlen der 10er-Reihe in der richtigen Reihenfolge auf. **Tipp:** Die **10er-Reihe** ist eine **Kernaufgabe.** Kernaufgaben sind die einfachsten Reihen des 1 x 1.

___ ___ ___ ___ ___ ___ ___ ___ ___ ___

Übung 26: Schreibe die Lösung dahinter und die Tauschaufgabe darunter. Achte besonders auf die letzte Zahl: Sie ist immer eine 0, wenn du mit 10 multiplizierst!

1 2 · 1 0 = ____

_____

2 5 · 1 0 = ____

_____

3 8 · 1 0 = ____

_____

4 3 · 1 0 = ____

_____

5 7 · 1 0 = ____

_____

6 4 · 1 0 = ____

_____

Richtig oder falsch?

 Übung 27: Finde die richtigen Ergebnisse und kreuze sie an.

		richtig	falsch
1 $6 \cdot 7 = 42$		☐	☐
2 $8 \cdot 3 = 24$		☐	☐
3 $4 \cdot 9 = 30$		☐	☐
4 $2 \cdot 10 = 20$		☐	☐
5 $7 \cdot 7 = 25$		☐	☐
6 $6 \cdot 7 = 49$		☐	☐
7 $8 \cdot 8 = 64$		☐	☐
8 $5 \cdot 5 = 20$		☐	☐
9 $4 \cdot 9 = 36$		☐	☐
10 $3 \cdot 7 = 21$		☐	☐

Sachrechnen

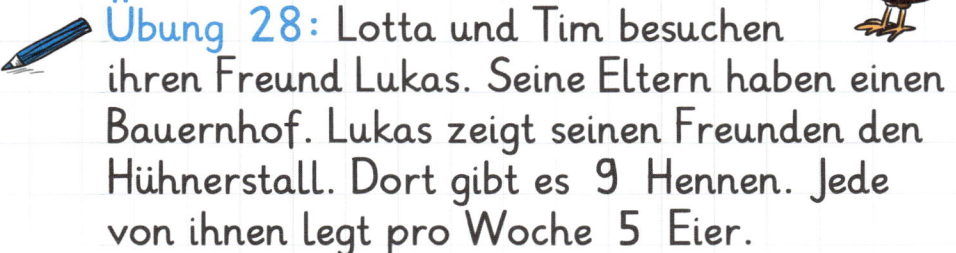

Übung 28: Lotta und Tim besuchen
ihren Freund Lukas. Seine Eltern haben einen
Bauernhof. Lukas zeigt seinen Freunden den
Hühnerstall. Dort gibt es 9 Hennen. Jede
von ihnen legt pro Woche 5 Eier.

1 Wie viele Eier kann Lukas pro Woche sammeln?

Anschließend gehen alle drei auf die Weide. Dort
stehen 6 Kühe und ein Stier. Lukas erklärt, dass
jede Kuh pro Tag 10 Liter Milch gibt.

2 Wie viel Liter Milch geben sie insgesamt?

Später lädt Lukas' Mutter sie zum Kuchenessen ein.
Es gibt einen Schokokuchen, der in 12 Stücke
geschnitten ist. Lotta, Tim und Lukas haben einen
Riesenhunger und essen jeweils 4 Stücke.

3 Wie viele Stücke bleiben übrig?

Sachrechnen

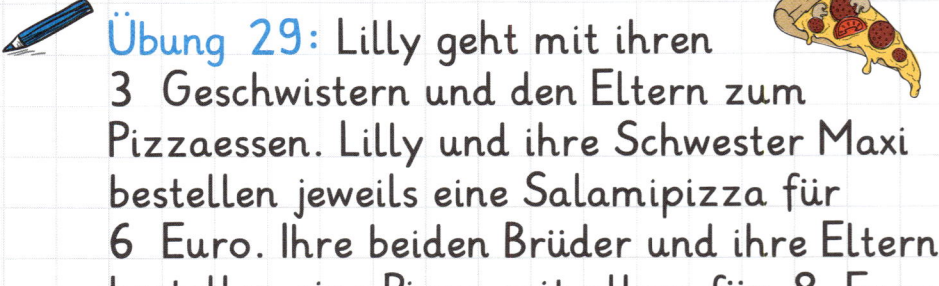

Übung 29: Lilly geht mit ihren
3 Geschwistern und den Eltern zum
Pizzaessen. Lilly und ihre Schwester Maxi
bestellen jeweils eine Salamipizza für
6 Euro. Ihre beiden Brüder und ihre Eltern
bestellen eine Pizza mit allem für 8 Euro.

1 Wie viel Euro bezahlen Lilly und ihre Schwester
zusammen und wie viel Euro bezahlen ihre
Brüder und die Eltern zusammen?

_____

Jedes Familienmitglied bestellt ein Glas
Apfelsaftschorle für je 2 Euro.

2 Wie viel bezahlen sie für alle Getränke?

_____

Die Kinder bekommen zum Nachtisch jeweils
noch ein Eis. Eine Portion Eis kostet 3 Euro.

3 Was bezahlen sie zusammen für das Eis?

_____

Multiplizieren mit Rätsellösung

Lotta, Tim und Henri haben sich etwas zu essen oder zu trinken gekauft. Wer bekommt was?

 Übung 30: Rechne die Aufgaben aus und du erhältst die richtige Lösung. Schreibe sie auf.

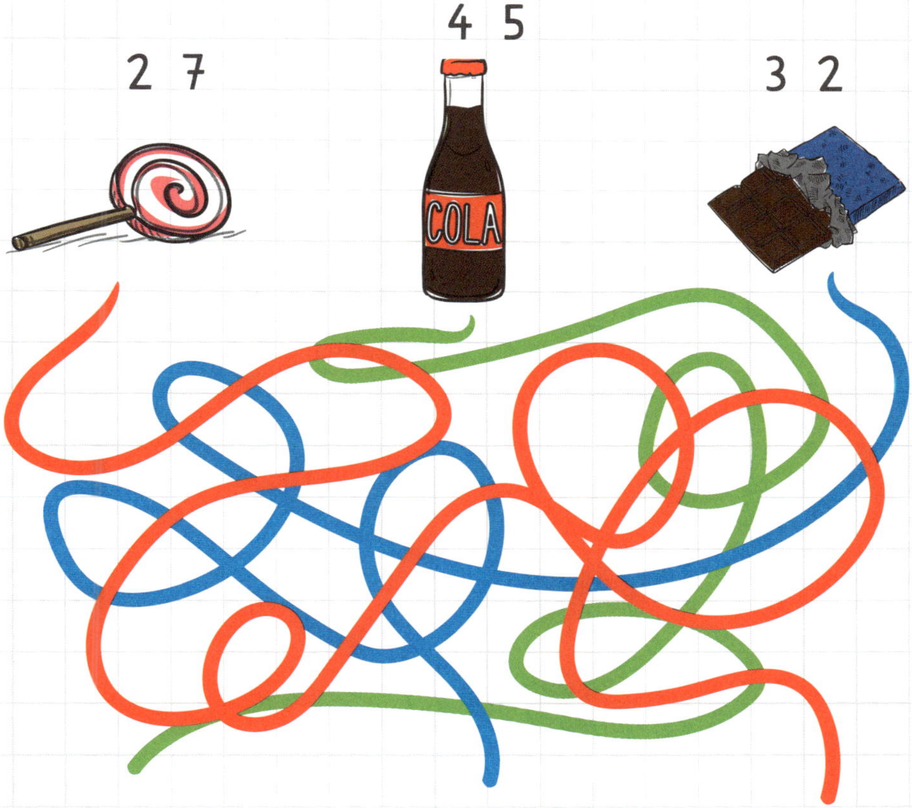

2 7   4 5   3 2

Henri: Tim: Lotta:
5 · 9 =   8 · 4 =   3 · 9 =

_____   _____   _____

Multiplizieren mit Rätsellösung

Übung 31: Finde heraus, wo die Äpfel hingehören. Rechne die Aufgaben aus und verbinde sie mit dem passenden Apfel.

Kettenaufgaben

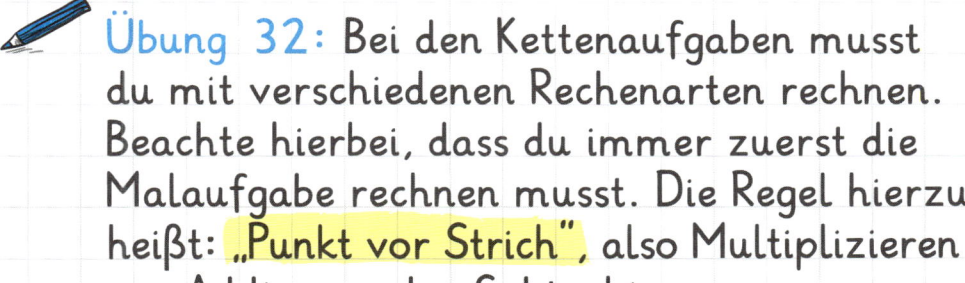

Übung 32: Bei den Kettenaufgaben musst du mit verschiedenen Rechenarten rechnen. Beachte hierbei, dass du immer zuerst die Malaufgabe rechnen musst. Die Regel hierzu heißt: „Punkt vor Strich", also Multiplizieren vor Addieren oder Subtrahieren.

1   $3 \cdot 8 - 7 - 11 = $ _____

2   $4 \cdot 5 + 84 - 35 = $ _____

3   $9 \cdot 3 + 62 + 7 = $ _____

4   $6 \cdot 8 + 49 - 22 = $ _____

5   $5 \cdot 5 - 15 + 76 = $ _____

6   $8 \cdot 8 - 37 - 14 = $ _____

7   $7 \cdot 9 + 19 + 18 = $ _____

8   $10 \cdot 6 - 9 - 49 = $ _____

9   $4 \cdot 7 + 72 - 37 = $ _____

10 $3 \cdot 10 - 27 + 78 = $ _____

Lösungen

Seite 4, Übung 1:

1. $3 + 3 + 3 = 9$; $3 \cdot 3 = 9$
2. $4 + 4 = 8$; $2 \cdot 4 = 8$
3. $6 + 6 = 12$; $2 \cdot 6 = 12$
4. $2 + 2 + 2 + 2 + 2 = 10$; $5 \cdot 2 = 10$
5. $8 + 8 + 8 + 8 = 32$; $4 \cdot 8 = 32$
6. $6 + 6 + 6 + 6 + 6 = 30$; $5 \cdot 6 = 30$

Seite 5, Übung 2:

1. $5 \cdot 3 = 15$; $3 + 3 + 3 + 3 + 3 = 15$
2. $4 \cdot 5 = 20$; $5 + 5 + 5 + 5 = 20$
3. $3 \cdot 4 = 12$; $4 + 4 + 4 = 12$
4. $5 \cdot 6 = 30$; $6 + 6 + 6 + 6 + 6 = 30$
5. $7 \cdot 2 = 14$;
   $2 + 2 + 2 + 2 + 2 + 2 + 2 = 14$
6. $4 \cdot 7 = 28$; $7 + 7 + 7 + 7 = 28$

Seite 8, Übung 5:

1. $2 \cdot 5 = 10$
   $5 \cdot 2 = 10$
2. $4 \cdot 4 = 16$
   $4 \cdot 4 = 16$
3. $2 \cdot 6 = 12$
   $6 \cdot 2 = 12$
4. $4 \cdot 5 = 20$
   $5 \cdot 4 = 20$

Seite 6, Übung 3:

1. $2 \cdot 4 = 8$

2. $2 \cdot 6 = 12$

3. $2 \cdot 3 = 6$

Seite 6, Übung 4:

1. $3 \cdot 5 = 15$

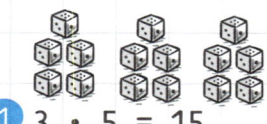

2. $3 \cdot 3 = 9$

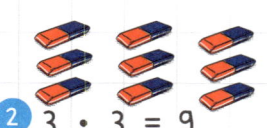

Seite 9, Übung 6:

	1	2	3	4	5	6	7	8	9	10
1	1	2	3	4	5	6	7	8	9	10
2	2	4	6	8	10	12	14	16	18	20
3	3	6	9	12	15	18	21	24	27	30
4	4	8	12	16	20	24	28	32	36	40
5	5	10	15	20	25	30	35	40	45	50
6	6	12	18	24	30	36	42	48	54	60
7	7	14	21	28	35	42	49	56	63	70
8	8	16	24	32	40	48	56	64	72	80
9	9	18	27	36	45	54	63	72	81	90
10	10	20	30	40	50	60	70	80	90	100

Seite 10–12, Übung 7:

1. $1 \cdot 1 = 1$
2. $2 \cdot 1 = 2$
3. $5 \cdot 1 = 5$
4. $10 \cdot 1 = 10$

5. $1 \cdot 2 = 2$
6. $2 \cdot 2 = 4$
7. $5 \cdot 2 = 10$
8. $10 \cdot 2 = 20$

9. $1 \cdot 3 = 3$
10. $2 \cdot 3 = 6$
11. $5 \cdot 3 = 15$
12. $10 \cdot 3 = 30$

13. $1 \cdot 4 = 4$
14. $2 \cdot 4 = 8$
15. $5 \cdot 4 = 20$
16. $10 \cdot 4 = 40$

17. $1 \cdot 5 = 5$
18. $2 \cdot 5 = 10$
19. $5 \cdot 5 = 25$
20. $10 \cdot 5 = 50$

21. $1 \cdot 6 = 6$
22. $2 \cdot 6 = 12$
23. $5 \cdot 6 = 30$
24. $10 \cdot 6 = 60$

25. $1 \cdot 7 = 7$
26. $2 \cdot 7 = 14$
27. $5 \cdot 7 = 35$
28. $10 \cdot 7 = 70$

29. $1 \cdot 8 = 8$
30. $2 \cdot 8 = 16$
31. $5 \cdot 8 = 40$
32. $10 \cdot 8 = 80$

33. $1 \cdot 9 = 9$
34. $2 \cdot 9 = 18$
35. $5 \cdot 9 = 45$
36. $10 \cdot 9 = 90$

37. $1 \cdot 10 = 10$
38. $2 \cdot 10 = 20$
39. $5 \cdot 10 = 50$
40. $10 \cdot 10 = 100$

Seite 12, Übung 8:

1. $6 \cdot 6 = 36$
2. $8 \cdot 8 = 64$
3. $3 \cdot 3 = 9$
4. $5 \cdot 5 = 25$

Seite 13, Übung 9:

2   4   6   8   10   12   14   16   18   20

Seite 13, Übung 10:

1. 6   2. 14   3. 10

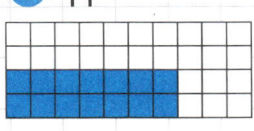
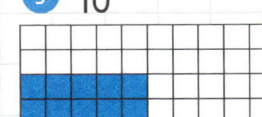

29

Seite 14, Übung 11:

3   6   9   12   15   18   21   24   27   30

Seite 14, Übung 12:

1 3 · 3 = 9 **3** 8 · 3 = 24 **5** 6 · 3 = 18

2 5 · 3 = 15 **4** 4 · 3 = 12 **6** 9 · 3 = 27

Seite 15, Übung 13:

4   8   12   16   20   24   28   32   36   40

Seite 15, Übung 14:

1 28; 4 · 7 = 28 **3** 8; 4 · 2 = 8 **5** 12; 4 · 3 = 12

2 16; 4 · 4 = 16 **4** 32; 4 · 8 = 32 **6** 20; 4 · 5 = 20

Seite 16, Übung 15:

5   10   15   20   25   30   35   40   45   50

Seite 16, Übung 16:

1 30 **3** 15 **5** 10 **7** 5 **9** 50

2 45 **4** 0 **6** 40 **8** 25 **10** 35

Seite 17, Übung 17:

6   12   18   24   30   36   42   48   54   60

Seite 17, Übung 18:

1 18; 6 · 3 = 18 **3** 12; 6 · 2 = 12 **5** 36; 6 · 6 = 36

2 48; 6 · 8 = 48 **4** 30; 6 · 5 = 30 **6** 24; 6 · 4 = 24

Seite 18, Übung 19:

7   14   21   28   35   42   49   56   63   70

Seite 18, Übung 20:

1 3 · 7 = 21   **3** 8 · 7 = 56   **5** 6 · 7 = 42

2 5 · 7 = 35   **4** 4 · 7 = 28   **6** 2 · 7 = 14

Seite 19, Übung 21:

8   16   24   32   40   48   56   64   72   80

Seite 19, Übung 22:

1 8 · 2   **3** 8 · 8   **5** 8 · 6

2 8 · 10   **4** 8 · 7   **6** 8 · 4

Seite 20, Übung 23:

9   18   27   36   45   54   63   72   81   90

Seite 20, Übung 24:

1 45; 9 · 5 = 45   **3** 63; 9 · 7 = 63   **5** 81; 9 · 9 = 81

2 18; 9 · 2 = 18   **4** 36; 9 · 4 = 36   **6** 27; 9 · 3 = 27

Seite 21, Übung 25:

10   20   30   40   50   60   70   80   90   100

Seite 21, Übung 26:

1 20; 10 · 2 = 20   **3** 80; 10 · 8 = 80   **5** 70; 10 · 7 = 70

2 50; 10 · 5 = 50   **4** 30; 10 · 3 = 30   **6** 40; 10 · 4 = 40

Seite 22, Übung 27:

1. richtig
3. falsch
5. falsch
7. richtig
9. richtig
2. richtig
4. richtig
6. falsch
8. falsch
10. richtig

Seite 23, Übung 28:

1. $9 \cdot 5 = 45$
2. $6 \cdot 10 = 60$
3. $3 \cdot 4 = 12$

Es bleibt kein Stück übrig.

Seite 25, Übung 30:

Henri: 45 (Cola)

Tim: 32 (Schokolade)

Lotta: 27 (Lutscher)

Seite 24, Übung 29:

1. $2 \cdot 6 = 12$ Euro
   $4 \cdot 8 = 32$ Euro
   $12 + 32 = 44$
2. $6 \cdot 2 = 12$ Euro
3. $4 \cdot 3 = 12$ Euro

Seite 26, Übung 31:

$3 \cdot 9 = 27$

$3 \cdot 6 = 18$

$5 \cdot 7 = 35$

$9 \cdot 4 = 36$

$8 \cdot 4 = 32$

Seite 27, Übung 32:

1. 6
3. 96
5. 86
7. 100
9. 63
2. 69
4. 75
6. 13
8. 2
10. 81